伝えたい日本のこころ

絵と文　中村麻美

二「かしこい小僧さん」

昔、一休（いっきゅう）さんという、とんちで評判の小僧さんがいました。

ある日のこと、評判をききつけた殿様が、お城に一休さんを招きました。

「知恵ものであると評判のそなたに、ひとつ頼みがある。実は、そこにある屏風（びょうぶ）の虎が夜な夜な屏風を抜け出して、悪さをして困っておる。どうじゃ、なんとかしてその虎をしばりあげてはくれぬか」

一休さんは答えました。

「なるほど、すごい虎ですね。それはお困りでしょう。わかりました。おまかせください」

一休さんは、はちまきをして腕をまくり、家来が持ってきた縄をうけとると、屏風の前でむんっとかまえ、虎をにらみつけました。

「お殿様、用意はできました。さあ、虎を屏風から追い出してください。すぐにしばってごらんにいれます」

それを聞いた殿様は、思わずいいました。

「何を申すか。絵の虎を追い出せるわけがないではないか」

一休さんはにっこりと笑って、

「そうですか。それは残念です。出てこない虎をしばることはできませんから」

そういうと、その場で居住まいを正し、深々と礼をしました。それを見た殿様は、声をあげて笑いました。

「なるほど、あっぱれな小僧じゃ。ほうびをつかわす」

こうして一休さんは、たくさんのほうびをもらってお寺に帰りました。

二「ひよどり越え」

今から八百年あまり前、世の中が源氏と平家にわかれて戦っていたときの話です。

負け戦の続いた平家が、都をすてて西へ逃げると、源義経は平家を摂津国（兵庫県）の福原まで追いかけました。

「ひよどり越えをまわる」

義経は家来たちにいいました。ひよどり越えは、崖と崖が重なりあい、人の通れるところではありません。家来たちは顔を見合わせ、あんな険しいところを通れば、転がり落ちて死んでしまう、としりごみしました。

その様を見た義経は、案内の者に聞きました。

「ひよどり越えは鹿が通るか」

案内人がうなずくと、義経は、

「鹿の通れるところを馬が通れないわけはあるまい」

と勇みたち、真っ先に馬をすすめました。

源氏方は一ノ谷の北、ひよどり越えの崖の上に出ました。崖下には、平家の陣屋が軒を並べています。平家方は源氏方が背後に来ていることには気づいていません。

「さあ、この義経を手本にせよ」

大将が突き進むのを見て、家来たちもみな勇猛果敢に、いっきに崖を駆けくだりました。

おどろいたのは平家方です。思いもかけないところから敵が現れたので、皆われがちにと、海岸の船めがけて逃げる始末です。こうして平家は、讃岐国（香川県）の屋島に落ちのびていったのでした。

三「天の石屋戸」

むかしむかし、神様の時代のお話です。

天照大御神（あまてらすおおみかみ）の弟・須佐之男命（すさのおのみこと）は、神にあるまじき乱暴もので、姉神の権威をかさにきて、ひどい乱暴狼藉（らんぼうろうぜき）をはたらきました。

いくらいってもきかない弟に腹をたてた天照大御神は、とうとう天（あま）の石屋戸（いわやと）にかくれてしまわれました。すると、神々の住む高天原（たかまのはら）も、地上の葦原中国（あしはらのなかつくに）も光を失い、世界中が漆黒の闇につつまれてしまいました。

困った八百万（やおよろず）の神々は相談の末、石屋戸の前にみんなで集まり、派手にさわいで天照大御神をさそいだそうということになりました。

集められた数百羽の鶏は一度に鳴き、おもしろおかしく踊る天宇受売命（あめのうずめのみこと）に神々は大笑い、そのあまりの騒々しさに、何事ならん、と天照大御神は石屋戸をそっと開けて、戸の外をのぞかれました。

そのときです。戸のわきに隠れていた力自慢の天手力男神（あめのたぢからおのかみ）は、むんずと戸に手をかけ、力まかせに押し開き、天照大御神を外に引き出しました。

こうした八百万の神々の知恵によって、天照大御神が外界にお出になると、世界はふたたび光と秩序をとりもどしたのでした。

怪力の英雄・天手力男神が放り投げた石屋戸は、日本の真ん中まで飛んでいき、信濃国（長野県）の戸隠山（とがくしやま）になったということです。

四 「巌流島の決闘」

二天一流の祖・宮本武蔵は、幼いときから武術の道場を開く父のもとで剣術を学び、生涯を修行に捧げ、剣の道の完成を厳しく追求した剣豪です。

武蔵がはじめて決闘に勝利したのは十三歳のときで、その後、二十九歳までに六十回以上の勝負を重ねましたが、一度も負けたことはない、といわれています。

なかでももっとも有名なのが巌流島の決闘です。

慶長十七年（一六一二）、豊前小倉藩領の舟島（のちの巌流島〈山口県下関市〉）で、武蔵は剣客の佐々木小次郎と対戦することになりました。真剣での勝負をのぞむ小次郎に対し、武蔵は、

「汝は白刃の妙技をつくせ、吾は木刀の秘術を披露しよう」

と約束をかわしました。

決闘の日、小次郎は三尺（九十センチ余り）の白刃をあやつり、鍛え上げた剣術をもって武蔵を迎え撃ちましたが、電光石火、木刀の一撃で武蔵は小次郎をたおしました。

寛永十七年（一六四〇）、武蔵は熊本城主・細川忠利に召しかかえられ、寛永二十年に『五輪書』をあらわすと、正保二年（一六四五）五月、六十二歳でこの世を去りました。

剣を通じて真摯に生きる道を模索し、苦しい修行を積んだ末に書かれた『五輪書』は、兵法の書としてだけではなく、人生指南の書として、日本のみならず世界各地で愛読され、今でも多くの人々に影響を与えつづけています。

五

「太田道灌と少女の歌」

江戸城を築いた智将・太田道灌は、若い頃、狩りが大好きでした。戦のないときは、野や山に寝て、猪や鹿を捕って暮らしていました。

ある日、道灌が二、三人の家来をつれて狩りにでると、急に雨が降ってきました。ふと見ると、近くに百姓家があります。蓑をかりようと、一行は軒下にかけこんでたのみました。蓑というのは、わらで作った、今のレインコートのようなものです。

すると、一人の娘が、花をつけた白山吹を一枝もって出てきました。娘は丁寧におじぎをすると、何もいわず、その枝を道灌にささげました。しかし、道灌にはなんのことかわからず、むっとして雨に打たれたまま、城に帰りました。

城に帰ってから、家来のあつまったところで、先ほどの出来事を話すと、学問のある家来がいいました。

「娘が山吹の花を殿にささげましたのは、蓑のないことを花にいわせたのでございます。むかしの和歌に、『七重八重花は咲けどもやまぶきの　みのひとつだになきぞかなしき』というのがございます。山吹は七重にも八重にも美しく花をつけますが、実がひとつもならないのはかなしいことだ、という歌です。娘はお貸ししたいけれど、蓑が家にないのです、といいたかったのでしょう」

自分の無学を恥ずかしく思った道灌は、それからは弓矢の稽古だけでなく、一心に学問にはげみ、やがて、和歌の名人になったということです。

六「三本の矢の教え」

中国地方をおさめた戦国時代の武将・毛利（もうり）元就（もとなり）には、三人の息子がありました。

ある日、元就は三人の息子をよんで、めいめいに一本ずつ矢をわたし、いいました。

「これを折ってみなさい」

すると、息子たちは、それを何の造作もなく、ポキン、ポキンと折りました。

次に元就は、息子たちに三本の矢をもたせ、

「では、次はこうして折ってみなさい」

と命じました。息子たちは三本の矢束を、一生懸命に折ろうとしましたが、どうしても折ることができません。

元就はいいました。

「よいか。細い矢でも三本あつまれば、それほど強くなる。おまえたちも兄弟三人が力をあわせ、この国を守っていけば、どんな強い敵にも負けることはあるまい」

三人の息子はいつまでも、この父の教えを忘れず、心をひとつにして困難に立ち向かいました。そのおかげで、毛利家は末永く栄えたと伝えられています。

七「山中鹿介―我に七難八苦を与えたまえ」

尼子十勇士の筆頭と呼ばれた・山中鹿介幸盛の逸話です。

永禄八年（一五六五）、毛利の大軍が尼子氏の本拠・月山富田城を包囲して半年、鹿介は山の端にかかる三日月に祈りました。

「三日月よ、我に七難八苦を与えたまえ」

幼いころから、弓馬や軍法を熱心に学んだ鹿介は、初陣で勇名をとどろかせ、三日月の前立て、鹿の角の脇立ての兜を着用して戦場を疾駆、その豪勇ぶりで敵兵を震え上がらせていました。

しかし、鹿介一人がいかに強くとも、追い詰められた尼子氏の勢いは、なかなか盛り返すことができません。鹿介には、苦難の道が待っていました。

永禄九年、月山富田城は落城しました。その後十年間、孤軍奮闘の鹿介は、ただ一筋に主家の再興を願い、あらゆる手段で毛利との抗争を繰り広げました。

あるときは明智光秀に近づき、あるときは織田信長の兵を借り、一度などは、海賊将軍・奈佐日本介の力を借りて、隠岐へ渡り、領主・佐々木為清の兵をあわせて出雲に侵入、毛利方の城十五カ所を手中にしたこともありました。

しかし、天正六年（一五七八）五月、主君の尼子勝久が切腹するにおよび、ついに鹿介の夢は潰えました。

島根県安来市の月山富田城跡には、あえて試練の道を選び、辛苦に耐え、主家への忠義を貫いた山中鹿介の銅像や供養塔があり、その武勇を今に伝えています。

八　「良寛さまと筍」

江戸時代後期の禅僧・良寛は、越後国（新潟県）出雲崎の名主の家に生まれ、味わい深い書や和歌を残した人物です。人付き合いが苦手だった良寛は、十八歳頃に出家し、約三十年間、全国を旅して修行を続け、そののち故郷近くの山寺で暮らしました。

ある日、村から帰ってきた良寛は、寺の床がふくらんでいることに気づきました。床下をのぞいて見ると、一本の筍が生えており、床を下から押しているではありませんか。

「これは大変だ」

良寛は物置から、のこぎりを持ってきました。そして筍の真上の床を四角く切り抜いたのです。

「これでよい。さあ筍さん、遠慮しないで、伸びなされよ」

筍はそれからも、毎日すくすく成長しました。良寛は、大きくなる筍を見て大喜びです。そのうち筍は、天井に届くまで大きくなってしまいました。良寛は物置からのこぎりとはしごを持ってくると、今度は筍の周りの天井を四角く切り抜きました。

「筍さん、頑張れよ」

小さかった筍は、やがて立派な竹になりました。子供や動物、生き物をみな同じように慈しみ、可愛がった良寛を、人々は仏様のように思いました。

良寛の残した優れた歌や書は、こうした良寛の澄んだ美しいこころと人柄を、今に伝えています。

九 「民を慈しむ仁徳天皇」

五世紀の初め頃、仁徳天皇は難波の都・高津宮にお住まいでした。

あるとき、高殿から四方をご覧になった天皇は、民家の竈から立ち上がる煙が少ないことに気づかれました。

「民の暮らしが貧しいからだ」

そう天皇はお悟りになると、その後三年間、租税を免除されました。そして、天皇ご自身も質素倹約につとめ、宮垣に修理が必要になっても、屋根に雨漏りがあっても、困窮している人民に負担をかけないよう、使役も課さないようにとご判断されたのでした。

三年が経ち、高殿から改めて天皇が眺められると、民家のあちらこちらから、煙がのぼっています。天皇は皇后とともにたいそうよろこばれました。しかし、諸国から課役の分担をお申し付けください、との声が届いても、天皇はまだお許しになりませんでした。

それからさらに三年後、ようやく課役が認められると、人々は皆、すすんで都へ集まり、御所の修復に献身的に励みました。

やがて国力が回復すると、天皇は開墾治水工事に力を注がれました。淀川の氾濫を防ぐため、日本最古の土木工事といわれる茨田堤や、やはり最古の橋といわれる猪甘津橋を造られました。

民を大切に思い、国のためを思い、お心をくだかれた仁徳天皇のものと伝わる御陵は、大阪府堺市に仁徳天皇陵古墳（大仙古墳）として残り、今もその偉大な姿をたたえています。

十「中江藤樹―母への薬」

江戸時代の儒学者・中江藤樹（なかえとうじゅ）は、子供の頃、近江（滋賀県）の両親の元を離れて、米子（鳥取県）の祖父のところで勉学に励んでいました。

ある冬、母からの便りに、

「今年は寒いのであかぎれができて困ります」

と書いてありました。心配になった藤樹は、山寺にあかぎれに効く薬があると聞き、それを母の元へ届けようと思い立ちました。

そして薬を手に、米子から近江まで、雪道を何日もかけて歩き、ようやくわが家に辿（たど）り着きました。

井戸端で水を汲（く）んでいた母は、突然あらわれた息子の姿に驚きました。

「まあ、どうしてここに――」

藤樹は言いました。

「母上のあかぎれに、よく効く薬を買ってまいりました」

しかし、それを聞いた母は、急に厳しい顔になりました。

「あなたは家を出るとき、何と約束しましたか。立派な人にならないうちは帰らない、と言ったではありませんか。約束を破って、薬を持ってきてくれても、母はちっとも嬉しくありません。すぐにお帰りなさい」

藤樹は、母の言うことを理解し、ただうなずいて、雪の道を引き返したのでした。

母の教えにしたがって立派な学者となった中江藤樹は、数々の尊い教えを説き、その徳望の高さから「近江聖人（おうみせいじん）」と呼ばれ、多くの人々に尊敬される人物となりました。

十一「夫の危機を救う弟橘媛」

日本武尊の妃、弟橘媛のお話です。

四世紀前半頃、蝦夷征伐の途にあった日本武尊は、相模国（神奈川県）から海を越えて、上総へお渡りになろうとしましたが、潮流の激しい走り水（浦賀水道）を横切るとき、暴風雨にあってしまいました。

今にも転覆しそうな船の上で、国を平定するという、大切な使命をさずかっている夫の身を、弟橘媛はなんとしても守りたいとお考えになりました。

そして弟橘媛は海神の怒りをしずめるため、荒れ狂う海に身を投じたのです。すると、たちまち大波はおさまり、船は無事に安房国（千葉県）に到着することができました。

身を投げるまえ、弟橘媛は歌を残されました。

さねさし　相模の小野に
燃ゆる火の
火中に立ちて
問ひし君はも

駿河国（静岡県）の焼津で火に囲まれたとき、日本武尊が命をかけて弟橘媛に励ましの声をかけてくれたことを思い出して詠まれた歌でした。

七日後、海辺に弟橘媛の櫛が流れつくと、それを埋葬してお墓がたてられました。

その後、日本武尊は無事東国の蝦夷を平定され、大和へ戻る道すがら、上野国（群馬県）の碓氷峠から関東平野をのぞみ、「吾妻はや」（ああ、わたしの妻よ）と弟橘媛を偲ばれました。

こうした由来から、関東のことを「吾妻」「東の国」と呼ぶようになったと伝えられています。

十二「良子斎王―別れの御櫛」

飛鳥時代から南北朝時代にかけて、天皇家の未婚の女性が、斎王として伊勢神宮の神に仕える慣しがありました。

平安時代の長暦二年（一〇三八）九月のことです。

後朱雀天皇の第一皇女である、わずか八歳の良子内親王が、斎王に選ばれました。桂川で禊をされた内親王は、その夜、平安宮の大極殿で父帝に対面されました。帝は、これから長い間、別れて暮らすことになる幼い我が子を前に、胸がしめつけられる思いでいらっしゃいました。

しかし、出発前の儀式「発遣の儀（別れの御櫛）」の中、内親王の髪に櫛をさし、帝はこう告げたのでした。

「京の方におもむきたまうな」

故郷のことは考えず、神に仕えるようにと諭された良子斎王は、郡行と呼ばれる伊勢（三重県）への旅にお出になられました。

京を出たことさえなかった斎王は、不安と悲しみに耐えながら鈴鹿の峠を越え、厳しい道のりを進みます。従者もそうした皇女の心の内を思い、道中、懸命にお仕えするのでした。

そして六日後、斎王は無事、伊勢に到着されました。

従者一行が都に帰る前、挨拶に上がると、斎王は厳かにお告げになりました。

「苦労であった」

その威厳ある声に、従者たちは驚きました。厳しい旅と従者の献身が、幼い皇女に斎王としての自覚と誇りを授けたのです。

その後、良子斎王は、伊勢の地で、国の平和を祈る役目をしっかりと果たされたのでした。

十三　「桜井駅の別れ」

楠木正成は畿内を中心に活躍した豪族です。

後醍醐天皇が新しい政治をおこなっていた建武三年（一三三六）五月のこと、謀反をくわだてた足利尊氏が九州から京へ攻め上ってきました。新田義貞ひきいる朝廷軍は、尊氏軍にくらべると二十分の一ほどの軍勢です。

そこで、尊氏軍を阻止するよう命をうけた正成は、不利な戦いと承知のうえで覚悟をきめ、湊川の戦場におもむくことになりました。

途中、桜井の駅にさしかかった頃、正成は嫡子・正行を呼び寄せました。

「生きて会えるのは今日かぎりだ。この合戦でやぶれたら、必ず足利の世になろう。お前は生きながらえて身命を惜しみ、父の志を継いで忠義の心を尽くすのだ」

正行は自分もいっしょにまいります、と必死に願いましたが、正成は、

「一族郎党ひとりでも生き残り、いつの日か朝敵をほろぼすこと、これが父への孝行と思え」

といって、帝より下された菊水の短刀を形見に授け、今生の別れを告げたのでした。

正成は湊川で尊氏軍と激戦の末、討ち死にしました。正行は父の死後、学問と武芸にはげみ、やがて吉野の朝廷を守るため、一族をひきいて後村上天皇につかえました。

正行の子孫たちも忠義の心を貫き、一族をあげて正義のために力を尽くしたと伝えられています。

十四「八俣の大蛇」

須佐之男命(すさのおのみこと)は神々の住む天上界・高天原(たかまのはら)を追放され、出雲(いずもの)国(くに)（島根県）・肥(ひ)の川の上流、鳥髪(とりかみ)に降り立ちました。

しばらく歩いていくと、須佐之男命は老夫婦が娘とともに泣いているのに出会いました。老人は国つ神、大山津見神(おおやまづみのかみ)の子、足名椎(あしなづち)といい、妻手名椎(てなづち)とのあいだに八人の娘がありましたが、八つの頭と八つの尾を持つおそろしい大蛇、八俣(やまた)の大蛇(おろち)に年にひとりずつ食べられてしまい、最後の娘・櫛名田(くしなだ)比売(ひめ)もまもなく餌食(えじき)になるので、泣いているといいます。

須佐之男命が、

「娘をわたしに奉(たてまつ)るか。自分は天照大御神(あまてらすおおみかみ)の同母弟で、天界から、今まさに降りてきたところである」と告げると、老夫婦は承諾し、ぜひ助けてほしい、とお願いしました。そこで、須佐之男命は老夫婦に酒の入った瓶(かめ)を八つ用意させ、大蛇を待ち受けました。

しばらくしてあらわれた大蛇は、瓶に入った酒を飲み、酔って眠ってしまいます。すると須佐之男命は、身に帯びていた十拳(とつか)の剣(つるぎ)をもって、大蛇をばらばらに斬り刻み、みごとに退治しました。尾を斬ったとき、剣の刃がかけたので、不思議に思って調べてみると、一本の立派な大刀(たち)が出てきました。

須佐之男命は、この大刀を天照大御神に献上しました。八俣の大蛇の尾からあらわれたこの大刀は、のちに霊剣・草薙(くさなぎ)の剣(つるぎ)と呼ばれることになりました。

十五「川中島の戦い―謙信と信玄」

戦国時代、越後（新潟県）の上杉謙信と甲斐（山梨県）の武田信玄は、信濃（長野県）の国の川中島を戦場に、何年もの間、戦いを続けていました。

永禄四年（一五六一）、謙信は一万三千の兵をひきいて信濃に入り、妻女山に陣取りました。知らせをうけた信玄は、ただちに二万の兵をひきいて、妻女山近くの海津城に入りました。

その夜は霧が深くたちこめていて、武田方は上杉勢が攻めてくるのは、朝になってからだと思っていました。ところが夜明け前に、霧の晴れ間から上杉勢の旗印が目の前に現れ、両軍入り乱れての合戦となりました。信玄のもとへは、武将の討ち死にの知らせが、次々に入ってきました。弟の武田信繁や軍師の山本勘助も討たれてしまいます。

しかし、さすがは信玄、動じることなく、落ち着いて戦の様子を見ていました。と、突然そこに、「信玄はどこにいる!!」と謙信がただ一騎で本陣にのりこんできました。謙信が刀をふりかざすと、「カチン!!」信玄は南蛮鉄の軍配でこれをうけとめます。しかし結局、勝負はつきませんでした。

この戦いの後のこと、駿河（静岡県）の今川氏と小田原（神奈川県）の北条氏が、戦では信玄にかなわないので、甲斐に塩を売らないように計略しました。この話をきいた謙信は憤慨し、信玄に手紙を送りました。

「戦の勝敗は弓矢できめる。塩で敵を苦しめるようなことはしない」

信玄は謙信を立派な武将であると感心し、よろこんで越後の塩を売ってもらいました。

十六「紅梅内侍と鶯の宿」

その昔、村上天皇の御所に、立派な紅梅の木がありました。毎年、春先になると美しい花をつけるので、天皇はたいそう楽しみにしておられました。

ところが、ある年のこと、この木が枯れてしまいました。天皇は、

「この木に負けない紅梅の木をみつけてまいれ」

とお命じになりました。

おつきのものは、都じゅうを探しまわり、ある庭で見事な紅梅の木をみつけると、「帝のご命令である」と家のなかにむかって声をかけ、さっそく木を掘りおこさせました。

この家は歌人・紀貫之のすまいで、貫之はすでに亡くなり、その娘が住んでおりました。娘は紅梅が掘り起こされるのを悲しそうに見ていましたが、やがて短冊に歌を一首かきつけ、運び去られようとする紅梅の枝に結び付けました。

紅梅が御所の庭に運ばれると、天皇は短冊にお気づきになりました。

勅なればいともかしこし鶯の
宿はと問わばいかが答えむ

(天子さまの仰せで、この紅梅が御所に植えられるのは名誉なことでございますが、毎年訪れる鶯に、私の宿はどこへいったのかと尋ねられたら、何と答えたらよいのでしょう)

この歌にいたく感心した帝は、娘に紅梅を返し、宮中に仕えるよう仰せになりました。娘は後に紅梅内侍というよび名を賜り、父・貫之におとらぬ歌人になったということです。

十七「新羅三郎義光―笙の秘曲を授ける」

平安時代後期の武将・新羅三郎義光（源義光）のお話です。

新羅三郎義光は陸奥守兼鎮守府将軍として奥州（東北地方）平定の途にある兄・八幡太郎義家（源義家）を助けるため、朝廷の官を辞し、数十騎の兵をともない、奥州に向かいました。

寛治元年（一〇八七）仲秋のこと、義光の奥州出兵を聞き、京から義光を追ってきた若者がありました。豊原時秋です。時秋は足柄山で露営していた義光軍に追いつきました。新羅三郎義光は時秋の父、笙の名家・豊原家屈指の名人であった時元に学び、笙の道に精進していました。義光は自分を追ってきた若者の志を察し、時秋に告げました。

「よく聞かれよ。我は御尊父より笙の秘曲を授かり、これを後世に伝うべく託された。しかるにこのたび戦場に赴くうえは、生死がほどもはかり難い。我死なばこの道はすたれ、先師の志も空しうする。只今これより相伝の秘曲を伝授すれば、貴殿はこれより京へ引き返し、この道を守られよ」

そう言うと、幼少であった時秋のかわりに、時元から義光が授かった笙の奥義を時秋に授けたのでした。ときあたかもおぼろ月のもと、笙の音が山中にひびきわたりました。

のちの武田家、佐竹家、小笠原家などの武家の祖である新羅三郎義光は、弓馬の術にたけ、音曲にもすぐれた文武両道のすぐれた武将であったと、今に伝えられています。

十八「小松姫―夫の居城を守りぬく」

徳川四天王の一人、本多忠勝の娘で真田信之（信幸）の妻・小松姫の話です。

慶長五年（一六〇〇）、関ヶ原合戦前夜、上杉攻めに参加していた真田昌幸と信之、幸村（信繁）父子は、下野国（栃木県）犬伏で、石田三成挙兵の密書を受け取りました。

協議の結果、父・昌幸と弟・幸村は西軍へ、信之は東軍に別れることになりました。いずれが敗れても、真田家が存続できるよう、道を分けたのです。

信之と別れた昌幸が幸村を伴い、犬伏より上田城へ引き上げる際、信之不在の沼田城に立ち寄ろうとしたときのことです。敵味方に別れれば、もはや会うこともかなわない孫の顔をひとめ見たい、という昌幸に対し、沼田城の城門は堅く閉ざされていました。

「大殿が、嫡男にあずけた支城に入れぬとはなにごとぞ」

と家臣たちが騒ぎ立てると、緋縅の鎧に身を固め、薙刀を手にした女人が城門の櫓の上にあらわれました。城主信之の妻・小松姫です。

「父上といえども今は敵、城主の留守に城へ入れるわけにはまいりませぬ」

その翌日、衣服をあらためた小松姫は、城から三丁あまり離れた正覚寺に泊まっていた昌幸たちのもとに、五人の孫を伴って姿を見せました。

「さすが本多の娘ぞ。武士の妻女たる者の鑑じゃ」

昌幸は満足してそう言い残し、上田城への道を急いだということです。

十九「青の洞門」

越後高田の藩士の家に生まれた福原市九郎は、江戸の旗本に仕えていましたが、ある日、主人を刃にかけて逃れ去りました。やがて諸国を流れるうちに、市九郎は後悔の念にかられ、仏弟子となりました。そして名を禅海と改め、犯した過ちを償いたい、と念じていました。

豊前国（大分県）、耶馬渓を訪れたときのことです。くさりどと呼ばれる絶壁の難所で、毎年多くの人々が命を落としていると聞いた禅海は、心に固く誓いました。二百余間（約三百七十メートル）もある岩山をくり貫いて、道を通そうと決心したのです。

それから禅海は、一対の鑿と槌をもって岩をうがちはじめました。村人たちはとても無理だと笑いましたが、一年二年と、くる日もくる日も岩に向かう禅海の姿を見て、やがて協力する者も出るようになりました。

二十年がたったある日、禅海の前に一人の若侍が現れました。それは禅海が江戸で刃にかけた主人の息子でした。父の仇を探しあてた若侍に、禅海は訴えました。

「貫通したら、いつでも命をさし出します」

仇が逃げも隠れもしないと知って、若侍は作業を手伝うことにしました。仇どうし、並んで槌をふるいました。

一年半が過ぎ、洞門がついに通ると、二人は手に手をとって喜びました。

禅海が人々の安全を願い、一心に奉仕してきたことを知る若侍に、もう憎しみの気持ちはありませんでした。

二十「鍋島直茂と接ぎ木」

肥前佐賀藩の藩祖・鍋島直茂は、ある日、庭に出て家来に接ぎ木をさせていました。

「どうだ。おまえも接ぎ木をするか」

直茂が傍に控えていた白髪まじりの家臣に尋ねると、その者は、

「私は老年にございますので」

と答えました。

それを聞いた直茂は、

「おまえは奇妙なことを言う。自分が見るものと思っておるのか。接ぎ木は子孫が見るためにするものだ。すべてものごとは、己のためにするのではない。末代、他人のためにする心掛けを持たずにどうするのだ」

と、叱ったのでした。

直茂は肥前国（佐賀県）を根拠地として九州に割拠し、「肥前の熊」と呼ばれた龍造寺隆信の重臣でしたが、知略と統率力で強大な豊後国（大分県）の大友氏、薩摩国（鹿児島県）の島津氏と並ぶ勢力に主家を導き、やがて佐賀藩の祖となりました。

「我が気に入らぬことが、我がためになるものなり」「寄り合いにくき人と寄り合いてみよ。必ず徳あるべし」「思案に余る一大事に出会ったときは、一大事と考えるから決断がつかない。大事の思案は軽くすべし。武士は何事も七呼吸で決断せよ」「いかに知音（真の友人）を持つとも、頼まずに、ただ我が身ひとつと心得べし」などの名言を残した直茂は、江戸時代中期に書かれた鍋島藩士・山本常朝の『葉隠』により、後の世に広く知られることになったのでした。

二十二「小林虎三郎―米百俵の精神」

慶応四年（一八六八）、北越戊辰戦争で新政府軍との戦いに敗れた長岡藩は、焦土と化し、領民は困窮を強いられました。貧困と混乱のさなか、明治三年（一八七〇）、窮状をみかねた支藩・三根山藩から見舞いとして、百俵の米俵が送られてきました。

食べるものにも事欠く長岡藩士たちは、その米が分け与えられるものと喜びました。しかし、ときの長岡藩大参事・小林虎三郎は、藩士たちに意見します。

「百俵の米も、皆で食えばたちまちなくなる。しかし、もし教育にあてれば明日の一万、百万俵の価値がある。国が興るのも、街が栄えるのも、ことごとく人にある。食えないからこそ学校を立て、人物を養成するのだ」

藩の文武総督でもあった虎三郎は、人材育成こそが、敗戦国の復興にとって肝要である、米を売って学校を造る資金にすべきであると主張しました。これを聞いた藩士たちは抗議しましたが、虎三郎は藩士らを命がけで説きふせました。

こうして、米百俵を元手に開校された国漢学校では、士族の子弟だけでなく、農民や町民の子弟も入学が許可されました。洋学局や医学局も設立され、教師や教育課程も充実、山本五十六らの優秀な人材が輩出されたのでした。目先のことではなく未来のためにという、米百俵の精神は今もなお連綿と語り伝えられています。

二十二「島津義弘―関ヶ原敵中突破」

慶長（けいちょう）五年（一六〇〇）九月十五日、関ヶ原の合戦ではすでに勝敗が決していました。西軍・島津義弘（しまづよしひろ）の軍勢はわずか千五百、退路は東軍にとざされ、横には西軍をうらぎった小早川軍、前方には徳川家康率いる東軍の主力軍数万が、今にもこちらへ攻め込もうとしていました。

島津家存続のためには、生きて家康に申し開きするしかありません。とはいえ、敵に背を向けては武門・島津の名折れ、思案の末、義弘は驚くべき決断をくだしました。

「敵はいずかたが猛勢か」

義弘の問いに家臣は答えます。

「東寄りの敵、もってのほか猛勢」

それを聞くや否や、義弘は采配を高々とあげました。

「その猛勢の中に突っ込め――」

義弘率いる千五百の軍勢は、突如、東軍数万のただなかに突き進みました。島津隊は猛烈な勢いで家康本陣の前をかすめ、街道筋へ突進しました。

追撃する家康の精鋭部隊の前に、「捨てがまり」と呼ばれる独自の戦法でたちはだかったのは、島津の家臣たちでした。何人かがとどまって敵の足止めをし、全滅するとまた新しい足止め隊を残すという、壮絶な戦法です。

捨て身で忠を尽くす家臣たちのはたらきにより、義弘軍は伊勢路を経て堺港まで脱出、薩摩への帰還に成功しました。

敵である東軍からも賞賛されたこの敵中突破は、「島津の退（の）き口（ぐち）」として語り継がれ、武士（もののふ）の勇を今に伝えています。

二十三「光明皇后—千人のからだを洗う」

聖武天皇のお后の光明皇后は、信仰に厚く、たいへん情け深い方でした。

貧しい病人たちのために施薬院という病院を、孤児や身寄りのない老人たちのために悲田院という施設をつくり、自ら出かけてお世話をなさっていました。

ある日、皇后が仏さまに祈っていると、不思議な声が聞こえました。

「人々のために功徳風呂を造りなさい。そして千人のからだを洗いなさい」

お告げと信じた皇后は、身分の区別なく誰でも入れる、大きな風呂をお造りになりました。そこには、大勢の人が集まってきました。すると皇后は、おつきの者が止めるのも聞かず、人々のからだを丁寧に洗いはじめたのでした。

やがて、その数が九百九十九人になり、千人目、入ってきたのは病気でからだじゅうに膿みのある老人でした。

それでも皇后は、やさしく背中を洗いはじめました。すると老人がいいました。

「このからだの膿みを吸い取って下さる方があったら、必ず病気は治ると医者がいいます。皇后さまにおすがりしようと思って、やってまいりました」

皇后は、仏さまのおぼしめしと心にきめ、

「病気を治せるなら喜んでいたしましょう」

と、自らの口で膿みを吸い取られました。

すると、どうでしょう。老人の体は金色の光に包まれ、仏さまの姿に変わりました。そして皇后に感謝の言葉をのこして、いずことなく姿を消したということです。

二十四　「城戸俊三―勝利を捨てて愛馬を救う」

昭和七年（一九三二）の夏、第十回ロサンゼルスオリンピック大会でのことです。

陸軍騎兵学校の教官・城戸俊三（きどしゅんぞう）選手は、愛馬・久軍（きゅうぐん）号にまたがり、三二・二九キロの総合馬術競技耐久種目に出場しました。障害五十カ所、山野をかけめぐる耐久レースです。

久軍は風のように走りました。いよいよ最後の障害にさしかかったときには、先頭から二、三番目、入賞は目前でした。ところが突然、久軍に異変がおこりました。足並みが乱れ、びっしょりと汗をかき、いかにも苦しそうです。

「メダルよりも久軍のほうが大事だ」

城戸選手はすばやく判断し、馬からとびおりました。

久軍は〝もっと走らせてください〟というかのように、鼻をすりよせましたが、主人の決心は変わりません。城戸選手が馬を抱きかかえるようにして場外に出ると、観客たちは一斉に大きな拍手をおくりました。

「日本の城戸少佐、勝利を捨てて愛馬を救う」――翌日、新聞はこの出来事を大きく扱い、全米の人々を感動させました。

やがて、ロサンゼルス人道協会が市の郊外に、城戸選手をたたえる立派な記念碑をたてました。記念碑には英文で「日本の城戸少佐は栄光を捨てて愛馬を救った。城戸が選んだのは、勝利の喝采ではなく、慈しみの心であった」と記され、その横には日本語で「情（なさけ）は武士の道」と刻まれました。

二十五「松坂の一夜」

伊勢国（三重県）、松坂の医師・本居宣長は、ある日、なじみの古本屋で、江戸の国学者・賀茂真淵先生が参宮の途中に立ち寄られたとききました。いそいで追いかけましたが、追いつくことはできませんでした。

それでも宣長は、尊敬する真淵先生に会いたい一心で先生の宿をたずね、もしお帰りにも立ち寄られたら教えてほしい、とたのんでおきました。数日のち、宣長の願いはかない、二人はほの暗い行灯のもとで語り合うことができました。

「先生、わたしは仏教や儒教が入ってくる前の、日本人のこころを知るために、『古事記』を研究したいと思っております。どのようなことに気をつければよろしいでしょうか」

宣長は真剣な表情でききました。

「これまで『万葉集』を研究してきて、わたしも次は『古事記』だと思っていましたが、こんな歳になってしまいました。『古事記』はあなたにおまかせしましょう。ただ、学問の道は大変きびしいものです。あせってはいけません。まず土台をつくって、順序正しく一歩一歩すすむことです」

真淵がそう助言すると、宣長は必ずやりぬくと誓いました。

この夜、師弟となった真淵は六十七歳、宣長は三十四歳でした。宣長は師の志を受け継ぎ、三十五年をかけて『古事記伝』という大著述を残しましたが、二人が顔を合わせたのは、松坂の一夜きりのことでした。

二十六　「柳に飛びつく蛙」

ときは平安時代中期、ある春の雨の日のことです。

「だめだ。うまく書けない」

小野道風（おののとうふう）は筆をおき、雨がそぼ降る庭に降り立ちました。子供の頃から字を習い続けて四十年以上になりますが、まだ自分の満足できる字が書けません。

「おや、あの蛙（かえる）、何をしているのだろう」

垂れ下がる柳の枝に、一匹の蛙が飛びつこうとしていました。飛んでは落ち、飛んでは落ち、何度も同じことを繰り返しています。

「いいかげんであきらめればいいのに――」

しかし、蛙はあきらめません。飛んでは落ち、落ちては飛び、あきらめずに何度も何度も挑戦しているうちに、とうとうぱっと枝に飛びつくと、そのままするするとのぼっていきました。

それを見て、道風は目がさめたような気がしました。

「小さな生き物でさえ、たゆまずに努力すれば、あのような高い枝に飛びつくことができるのだ。蛙に負けてはならない。気に入った字が書けるまで、百回でも千回でも書き続けよう」

そうして、前よりもいっそう熱心に稽古にはげんだ末、道風は書道の名人といわれるまでになりました。

小野道風は藤原佐理（ふじわらのすけまさ）、藤原行成（ふじわらのゆきなり）とともに、日本の三蹟（さんせき）（見事な書を遺（のこ）した三人の名人）のひとりに数えられています。

二十七「称名寺『青葉の楓』」

謡曲『六浦』の「青葉の楓」の物語です。

東国行脚を思い立った都の僧が、鎌倉を経て六浦港にたどり着き、安房国（千葉県）の清澄山に詣でる舟を待つあいだ、称名寺に立ち寄りました。そこで今を盛りと紅葉する木々を眺めていると、一本だけ、青葉のままの不思議な楓がありました。すると、どこからともなく里の女が現れ、語りました。

「昔、中納言・冷泉為相卿がお越しになったおり、今とは反対に、この木だけ見事に紅葉しておりました。そこで、為相卿は一首お詠みになりました。

いかにして
　この一本にしぐれけん
山に先立つ
　庭のもみじ葉

（どうしたのであろう、この木だけに葉を染める時雨でも降ったのであろうか）

この木にとって、高貴なお方からお褒めの歌を頂戴したのは身に余る光栄でした。もはや功成り名を遂げたうえは、身を退くのが天の道。それ以降、紅葉するのをやめたのです」

女は、自分はこの楓の精であるといって姿を消しました。

鎌倉時代中期から後期にかけての公卿・冷泉為相は、歌道・冷泉家の祖として知られています。この謡曲『六浦』は、文明十七年（一四八五）に歌僧・堯恵が称名寺を訪れた際に見聞し、「北国紀行」につづった伝説をもとに、能作者の金春禅竹によって脚色されたものと伝えられています。

二十八「神武天皇ご東征」

日本神話の昔、大和朝廷のご先祖さまたちは、北九州から南九州一帯に勢力をのばし、さらに東方の本州をおさめようと、なんども東征をくりかえしていました。

この東征についに成功されたのが神倭伊波礼毘古命で、後に、大和朝廷の基礎を築かれた初代天皇・神武天皇です。

神武天皇は日向国（宮崎県）から瀬戸内海を東にすすまれ、河内国（大阪府）より、大和国（奈良県）へ入ろうとなさいましたが、土地の豪族・長髄彦にはばまれ、苦しい戦いをしいられました。

やがて、なかなか勝利を得られないのは、神武天皇が日の神・天照大御神の子孫であるのに、日の昇る東にむかって攻めたのがよくないのだということになり、南の熊野（和歌山県）にまわり、背に日を追って軍をすすめて攻めこむことになりました。

激戦の最中のことです。一天にわかにかき曇り、黒雲天をおおい、風が荒れたと思うと、一羽の金色の鳶が飛んで来て、神武天皇の持つ御弓のはず（先端）にとまりました。すると、そのさんさんたる光に相手の賊たちは目がくらみ、戦えなくなって逃げていきました。

こうして大和地方は平定され、神武天皇は御位につかれたのでした。

この御即位日を、今の暦では二月十一日（建国記念の日）として、国民みんなで「建国をしのび、国を愛する心を養う」祝日と定めています。

二十九　「本多忠朝とサンフランシスコ号」

大坂の役で大活躍し、後世に名を遺した上総国（千葉県）大多喜城主・本多忠朝の物語です。

慶長十四年（一六〇九）、フィリピンからメキシコに向かうスペイン船が、日本近海で嵐にあい、房総半島の御宿・岩和田沖で座礁しました。乗船していたのは、フィリピン諸島総督であったドン・ロドリゴと乗組員三七三名でした。難破船を見つけた御宿の村人たちは、異人に戸惑いながらも懸命に救出し、三一七名もの命を救ったのです。

知らせを聞いた城主・忠朝は、彼らを民家や神社に滞在させ、世話をするように命じました。異人を客人として尊重し、手厚くもてなしたのは、忠朝の判断です。忠朝は父・本多忠勝の代から徳川家の信任も厚く、幕府がスペインとの交易を望んでいたことや、異国との交流の大切さを知っていたのでした。

忠朝の庇護のもと、一行は日本の人々の心の豊かさに触れました。江戸で二代将軍徳川秀忠に、さらに駿府（静岡市）の徳川家康にも接見、やがて家康が三浦按針に造らせた船で、かれらは帰国しました。このときロドリゴたちは、日本人の親切、忠朝らの温情に感謝の気持ちでいっぱいであったといいます。

明治二十一年（一八八八）、日本とメキシコは修好通商航海条約を締結しました。日本にとっては、初めての平等条約でした。その背景には、その二百年以上前のサンフランシスコ号救出の出来事が関係した、ともいわれています。

三十「つるべの朝顔」

加賀国（石川県）の金沢から少し離れた松任というところに、千代という名の娘がおりました。

ある朝のことです。千代が水を汲みに井戸にいくと、つるべに朝顔がからんでいました。せっかく咲いた朝顔のつるをはずすのはかわいそうだと思った千代は、となりの家へいって、水を分けてもらいました。

家にかえり手伝いを終えると、千代は筆をとり、俳句の帳面にさらさらと書きました。

朝顔に
　つるべとられてもらい水

千代はちいさなときから歌を詠むのがたいそう上手で、おとなたちもおどろくほどでした。

初雁や
　ならべてきくはおしいこと

秋、シベリアから雁の群れがカリカリと鳴きながら、高い空をとんできます。あのよい声をいちどに聞くのはおしいようだという句です。

とんぼつり
　今日はどこまでいったやら

十九でお嫁に行った千代は七年目に夫を、翌年、幼い息子もなくしました。死んだ子を思う母親の深い悲しみを歌った句です。

千代はのちに尼になり、諸国を旅してすぐれた俳句をたくさん残しました。

三十一「野中兼山―海に捨てたはまぐり」

江戸時代のはじめの頃、土佐藩山内家に野中兼山（のなかけんざん）という家老がおりました。

ある年、江戸に出かけて行った兼山から、土佐（高知県）にいる友人に手紙が届きます。

「江戸からはまぐりを持って帰ります。土佐では獲（と）れませんが、たいそうおいしい貝です。楽しみにしていて下さい」

それを聞いた友人たちは大喜びで兼山の帰りを待ちました。いよいよ高知の町近くの浦戸（うらど）の港に、はまぐりを積んだ船が入ってくる日になりました。

「今日は、兼山先生のはまぐりがごちそうになれるぞ」

迎えにきた人々は、皆うきうきと船が港につくのを眺めていました。ところが、旅から帰った兼山は、すぐさま小舟にはまぐりを運び移させました。そして、上機嫌で出迎えた友人たちを前にして、船頭に命じました。

「はまぐりをひとつ残らず海にほうりこめ」

兼山の命令通り、はまぐりは、すべて海に投げ込まれてしまいました。

「これはいったいどうしたことですか」

との友人の問いに、兼山は答えました。

「こうしておけば、私たちばかりでなく、私たちの子や孫まで食べられますよ」

南学（なんがく）の儒者であり政治家であった兼山は、藩外から魚類や植物をもちこんでは育成させました。

そして、灌漑治水（かんがいちすい）工事や築港にも力を注ぐなど、土佐を豊かな国にするために知恵をしぼり、生涯をかけて忍耐強く、まごころを尽くしたのでした。

三十二「鉢の木」

鎌倉時代、下野国（栃木県）佐野の里に、佐野源左衛門常世という武士が、貧しい暮らしをしておりました。

ある寒い雪の夜のことです。旅の僧が家の戸をたたくので、心やさしい源左衛門夫婦は中に招き入れ、泊めてさしあげました。

やがて夜がふけ、寒さがいっそう厳しくなってきました。火をたいてあげたいと思いましたが、たきぎがありません。そこで、源左衛門は縁側においていた、梅、松、桜のみごとな鉢の木を、惜しげもなく割って、いろりにくべました。

源左衛門はお坊様にたずねられるままに、もとは佐野の領主で、心のよくない親類に領地をうばわれてしまったことをうちあけ、

「このように落ちぶれても、私は武士。〝いざ鎌倉〟の一大事には、まっさきに鎌倉へかけつけるつもりです」

と心意気を語りました。

翌朝、お坊様は礼をいって旅立ちました。

やがて春になると、関東の武士たちに鎌倉に集まるようにとのおふれが出されました。集まった武士たちの一番乗りは、やせ馬にのってかけつけたみすぼらしい武士でした。

「そのほうは、佐野源左衛門常世だな」

将軍のわきにいた北条時頼が声をかけました。あのときのお坊様です。

「いつかの親切は忘れぬぞ。よくぞまいった。佐野の領地と、あの鉢の木の礼に、加賀の梅田、越中の桜井、上野の松井田をつかわす」

源左衛門は、いさんで佐野へ帰っていきました。

三十三「因幡の白うさぎ」

むかしむかし、因幡（いなば）（鳥取県）に住んでいた一匹の白うさぎが、大洪水で沖の島に流されました。困っていると、ワニ（サメのこと）の群れに出会い、白うさぎは名案を思いつきました。

「ワニさん、君たちの仲間とぼくたちの仲間と、どちらが多いか比べないか」

そういって、向こう岸までワニたちをずらりと並ばせました。「一匹、二匹、三匹……」と数えながら、ワニの上を飛び渡り、もう少しで岸に着くというときに、白うさぎはうっかり口をすべらせました。

「ばかだな。まんまとだまされて」

ワニたちは、うさぎが海を渡るのに利用されたと知ると、怒ってうさぎを海に落とし、毛をむしって丸はだかにしてしまいました。

丸はだかのうさぎが浜で泣いていると、大勢の神様がとおりかかりました。

「海水で体を洗い、風にあたって山の上に伏せていなさい」

いわれたとおりにすると、うさぎの傷はますますひどくなりました。

しばらくして、前にとおった兄神たちの荷物を持たされた大国主神（おおくにぬしのかみ）が通りかかりました。

「川の真水で体を洗い、蒲（がま）の穂の上で寝転びなさい」

おしえられたとおりにすると、うさぎの体はもとどおりになりました。

うさぎは大国主神に、

「八上比売（やがみひめ）は先に求婚にいった八十神（やそがみ）ではなく、あなたを選ぶでしょう」

と予言し、そのとおりになりました。

三十四　「堪忍のわび証文」

箱根山の茶店に、丑五郎（うしごろう）という、乱暴できらわれ者の馬子（まご）（馬に人や物をのせて運ぶ人）がいました。

ある日、丑五郎は店から出てきた旅の侍に、強引に馬に乗るよう勧めました。侍は、

「せっかくだが馬はきらいだ」

と答えました。すると丑五郎は、

「侍が馬がきらいとはな。合戦で役にたつのかい？　さてはきさま、にせ侍だな」

と、どなって、侍をどんと突きました。

侍の手が刀のつかぶくろにかかると、丑五郎は、

「斬れるものなら斬ってみろ。斬れねえのか。だったら地面に両手をついてあやまりやがれ」

見物人の前で、侍が地面に手をついてあやまると、丑五郎はいい気分になり、さらに調子にのりました。

「では、あやまり証文をかなで書け」

侍は馬子にいわれるまま、紙に何やら書いてわたしました。

「ひとつ、わびじょうもんのこと。ひとつ、うまがきらいだといったのはもうしわけがございませぬ。かんざきよごろう。うしごろうさま」

そうして侍は、しずかに山道をくだっていきました。

まもなく、箱根に赤穂（あこう）浪士が主君の敵（かたき）をうちとったといううわさが伝わってきました。

「神崎与五郎（かんざきよごろう）っていう例のお侍、四十七義士のおひとりだったそうだ」

「な、なんだって？」

丑五郎の顔がみるみる青ざめました。

「仇（あだ）うちへの途中、あのお方は大事の前にかかるはずみなことをしてはならぬと、我慢してわび証文を書いたのだ」

その後、心をいれかえた丑五郎は馬を売って江戸に下り、泉岳寺で義士の墓守（はかもり）になりました。

三十五　「橘曙覧『独楽吟』」

たのしみは朝起きいでて
　昨日まで無かりし花の
　　咲けるみるとき

歌人・橘曙覧(たちばなのあけみ)は、越前福井藩城下の商家の長男として生まれました。しかし、曙覧は商いよりも学問、詩作を重んじたため、家督を弟に譲ると、隠遁生活に入ります。

その後も頼山陽(らいさんよう)の弟子・児玉三郎(こだまさぶろう)、本居宣長(もとおりのりなが)の弟子・田中大秀(たなかおおひで)に学び、また独学で和歌の研鑽(けんさん)を積みました。

『独楽吟(どくらくぎん)』は曙覧が五十三歳の頃の作品です。貧しいながらも日常生活の何気(なにげ)ない出来事に喜び、楽しみを見いだし、穏やかな感動を詠(よ)み上げています。

たのしみは艸(くさ)のいほりの
　莚敷(むしろし)きひとりこころを
　　静めをるとき

福井藩主・松平春嶽(まつだいらしゅんがく)は、曙覧の才能を高く評価し、扶持米(ふちまい)十俵を授けようとしたり、万葉集の秀歌を選ぶよう命じたり、また曙覧の住まい藁屋(わらのや)を訪問するなどもして、異例の交流を温めます。

橘曙覧は明治の世を見ることなく、この世を去りましたが、その作品は正岡子規(まさおかしき)をはじめ、後世の歌人に絶賛され、多大な影響をあたえました。

また現代でも、冒頭の歌が海外の要人に引用されるなど、国際的にも注目される歌人、国学者としてその名を世に知らしめています。

三十六　「南総里見八犬伝」

『南総里見八犬伝』は、安房国（千葉県）の大名・里見義実の娘である伏姫と忠犬・八房ゆかりの八つの霊玉をもった八犬士が、はなばなしく活躍する江戸時代の物語です。

八犬士はそれぞれが苦難を乗り越え、正義を貫き、因縁の糸に導かれて集結、やがて主君・里見氏のために奔走します。彼らのもつ不思議な霊玉には、「仁・義・礼・智・忠・信・孝・悌」の文字が浮かび上がります。

仁は仁愛。自他のへだてをおかず、一切を思いやる心。
義は正義。利害を捨て、道義を貫き、人に尽くす心。
礼は礼節。秩序のため、敬意をもって決まりに従うこと。
智は智慧。ものごとを理解し、正しい判断をくだせる力。
忠は忠義。主、人のために尽くす、嘘偽りのない真心。
信は信頼。嘘を言わず、相手を信用すること。
孝は孝行。父母を敬い、先祖を大切にすること。
悌は孝悌。年長者を敬うこと。仕え、従うこと。

江戸時代の文豪・曲亭馬琴は、文化十一年（一八一四）から二十八年の歳月をかけて、この長編伝奇小説を著しました。妖気渦巻く作中には、この八徳の玉が指し示す儒教的道徳が鮮烈に息づいています。

歌舞伎、浄瑠璃をはじめ、様々な大衆文化にいたるまで、大きな影響をあたえ続ける『南総里見八犬伝』は、平成二十六年（二〇一四）に刊行二〇〇周年を迎え、今もなお、多くの人々に愛され続けています。

三十七「吉田松陰の志」

長州藩士・吉田松陰は、十一歳で藩主・毛利敬親の面前で講義をするほどの秀才でした。成人してからは日本各地を遊学、世に役立つ人物となるために見識を深めたといいます。

やがて、欧米の船がたびたび日本近海に現れ、日本が欧米列強の脅威にさらされるようになりました。嘉永六年（一八五三）、浦賀に米国のペリー提督が黒船で来航したとき、松陰は悟ります。鎖国の遅れを取り戻すためには外国に渡り、勉強しなければならないと。

そこで翌年、ペリーが二度目に来航したとき、松陰は米国への密航を企て、国禁を破って黒船に乗り込みました。このときペリーは、松陰の志の高さに感嘆し、日本人は高い使命感の前には命も惜しまない、誇り高い民族である、という感想を持ったといいます。

しかし密航は叶わず、松陰は国事犯として投獄されました。国許の萩の野山獄でも松陰は勉強をつづけ、囚人たちにも学問の大切さを説いて教えました。その後、松陰が開いた松下村塾は、幕末から明治にかけての激動期に活躍した、多くの偉人を輩出しました。

「世のため人のため、身を粉にして尽くせる人物になること、そのために自分の力を精一杯養うことが本当の学問である」と説いた松陰の志は、安政の大獄で刑死した後も、門下生たちに受け継がれ、明治維新の原動力となりました。

三十八「鳥居強右衛門の勇気」

天正三年（一五七五）、徳川家康の家来・奥平信昌（おくだいらのぶまさ）が約五百人の将兵で三河国（愛知県）の長篠城を守っていたときの話です。

武田勝頼（たけだかつより）の大軍一万五千に囲まれ、兵糧を運ぶ道も閉ざされ、長篠城は落城寸前となり、家康のいる岡崎城まで家臣の鳥居強右衛門（とりいすねえもん）が助けを呼びにいくことになりました。

長篠城はふたつの川の間にありましたが、強右衛門は水の中をなんとかくぐり抜け、敵陣を突破しました。そして、夜明け前に雁峰峠（がんぼう）にのぼり、無事を伝えるのろしをあげました。

岡崎城では家康がその勇気をたたえ、信長とともに援軍をおくると約束しました。しかし、再びのろしをあげて城へ帰ろうとしたところ、強右衛門は敵につかまってしまいます。

勝頼はいいました。

「そのほう、みあげた武士だ。城内にむかって『助けはこない、降参したほうがいい』といえば命を助け、家来にしてやる」

これに対し、強右衛門は、

「おやすいご用でございます」

と承知しました。

武田の兵にかこまれて、城門の下につれてこられた強右衛門は、やぐらの上の信昌と味方の兵にむかって叫びました。

「信長公三万、家康公二万をひきいて進軍されました。あと少しのしんぼうです」

勝頼は烈火のごとく怒り、強右衛門を城の前ではりつけにしました。

信昌たちは、その死をむだにするまいと、援軍がくるまで力の限り戦い、城を守りとおしたのでした。

三十九「明智光春―誉れの湖水渡り」

明智光秀の重臣・明智左馬助光春（秀満）の物語です。

天正十年（一五八二）六月十四日、光春は主君光秀が山崎の戦いで羽柴秀吉に敗れ、敗死したとの知らせを受けると、本能寺の変ののちに占領した安土城から、わずかの兵をひいて明智家の居城・坂本城に退却しました。途中、琵琶湖岸の打出浜（滋賀県大津市）で秀吉軍の先鋒・堀秀政軍に出会い、一戦を交えましたが、形勢は圧倒的に不利――。

と、そのときです。光春は一直線に坂本城に急ぐべく、騎馬のまま琵琶湖にザンブと乗り入れたのです。

驚く敵軍をしりめに光春は愛馬・大鹿毛を泳がせ、浮きつ沈みつ、見事に湖水を渡りきりました。

「おまえのおかげで湖を渡ることができた」

光春は愛馬をねぎらい、懐紙を取り出すと「左馬助を乗せて湖水を渡りたる馬」と記し、その鬣にくくりつけて放しました。

坂本城に入った光春は、茶道具など、天下の名品を戦火で焼失させてはならないと考え、目録をつけて秀吉方の武将に託します。そして光秀の妻子、自らの正室たちとともに自害、城に火を放ちました。

後年、放された名馬は秀吉の愛馬となり、幾多の戦功をたてたといわれています。

こうして光春が成した武勇は、安土城史の最後を飾る名場面「誉れの湖水渡り」として今に語り伝えられています。

四十 「赤穂義士の討ち入り」

今から三百年ほどまえのこと、室町以来の典籍に通じて、幕府の礼法をとりしきっていた吉良上野介義央は、立場を利用して、ことあらば諸大名から収賄をしておりました。

しかし、播磨国（兵庫県）赤穂の城主浅野内匠頭長矩は、潔癖であったため、上野介に賄賂をおくらず、お役目を果たすための教えを受けることができずに、城中で恥をかくばかりでした。

江戸城の松の廊下で、内匠頭が上野介とであったときのことです。調子にのった上野介は、「無知な田舎侍め」とののしって、内匠頭の顔を扇で打ちました。ついに忍耐できなくなった内匠頭は、脇差を抜いて上野介に斬りかかりました。結果、上野介は額にけがをしたにとどまりましたが、内匠頭は切腹を命じられ、赤穂藩の所領は没収となりました。

内匠頭からの遺言状ですべてを知った家老、大石内蔵助良雄以下浪士四十七人は、城を明け渡したあと、敵にさとられないように注意深く仇討の準備をすすめました。臥薪嘗胆、主君の無念をはらす機会を窺ったのです。

元禄十五年（一七〇二）十二月十四日、待ちに待った吉良邸襲撃の夜、大石良雄が打ち鳴らす山鹿流陣太鼓の音が夜の静寂を破って響きわたると、侵入した義士の意気は天を衝くばかりに高まりました。

炭小屋に隠れていた上野介はついに首を打たれ、義士はみごとに主君の仇を討ったのでした。

四十二「頼朝を助けた梶原景時」

平安時代末期、治承四年（一一八〇）八月、源頼朝と平家方の大庭景親が争った石橋山の戦いでのことです。

三百騎で石橋山に陣を構えた頼朝は、三千余騎の大庭軍に対して力戦しましたが、多勢に無勢で敵わず、残り七、八人の武者と逃れて、山中の洞窟に身をかくしました。まもなくそこへ、大庭景親、梶原景時ら、平家方の追っ手がやってきました。

洞窟をみつけた景時が、太刀に手をかけ、穴の奥にはいっていくと、数名の武者が息を殺してひそんでいました。そのなかに、一目でそれとわかる立派な武者がいました。敗将の頼朝です。頼朝は負け戦にも果敢に戦った勇者、源氏正統の血筋をうかがわせる類まれなる気品の持ち主。そのとき景時の胸をかすめたものは、武士の情けでした。

「お助けしたい。このままじっとしていて下さい」

景時は、洞窟の蜘蛛の巣を刀にひっかけて外に出ると、味方の兵に言いました。

「もしやと思ったが、これこのとおり、なかは蜘蛛の巣ばかり。ほかを捜したほうがよい」

景時ら東国の武士の多くは、かつて源氏の家人でした。時世の流れで、おごる平家に従いながらも、以仁王の令旨を受けて旗揚げした源氏の大将を助けたい、という熱い思いが生まれたのです。

このはたらきにより、景時はのちに頼朝に家臣として迎えられ、重用されたのでした。

四十二「真田幸村―大坂の陣」

慶長十九年（一六一四）十二月、大坂城を包囲する徳川軍が濃霧をついて城の南東に築かれた出丸（真田丸）を攻撃しました。大坂冬の陣、真田丸の攻防戦です。

真田丸を守る真田幸村（信繁）は、鉄壁の防御で敵を寄せつけず、奇策、秘密兵器で徳川方を翻弄、勇猛果敢に戦いました。しかし、同十二月二十二日、休戦の和平交渉により、大坂城の堀は埋めつくされることになりました。このとき、家康は十万石、あるいは信濃一国を与えてもよいから、徳川方につかないかと、勧誘してきましたが、幸村はきっぱりと断ったのでした。

翌年五月七日、緋縅の鎧を帯し、馬にも紅の厚総を垂らした幸村は具足、旗指物すべて赤備えにした真田軍を率い、十文字の槍をもって徳川家康の本陣に三度も突き入りました。この大坂夏の陣で幸村に馬印を倒され、馬廻りの旗本たちを蹴散らされた家康は、切腹を覚悟したと伝えられています。

人生のほとんどを人質、配流生活で過ごした真田幸村は、大坂の両陣で八面六臂の大活躍を果たしたのち、力及ばず討ち死にしました。

敗れゆく戦いと知りつつ、豊臣方の武将として、退くことなく徳川軍と渡りあった幸村の英雄伝説は、歌舞伎、浄瑠璃、講談、小説など、庶民の芸能文化の中で甦り、今もなお熱く語り継がれています。

四十三 「天照大御神と美し国・伊勢」

神々の世界をおさめる日の神・天照大御神は、御孫・邇邇芸命をこの国にお降しになるとき、一面の宝鏡を授けてお命じになりました。

「この鏡を私を見るごとくにまつれ」

邇邇芸命に授けられた宝鏡は八咫鏡と称され、以後、代々の天皇が宮中でお祀りしていました。しかし、崇神天皇は御殿の内に御神体を祀ることに恐れを抱かれたため、大和国（奈良県）の笠縫邑にうつして、皇女・豊鋤入日売命がお祀りすることになりました。これが後世の斎王制度の起源といわれています。

その後、垂仁天皇の御代、新たにふさわしい土地を皇女・倭比売命がお探しすることになりました。倭比売命は、天照大御神の御杖代として大和、伊賀（三重県）、近江（滋賀県）、美濃（岐阜県）、尾張（愛知県）と諸国を旅して巡り、やがて伊勢国にお入りになりました。

そのとき、天照大御神は倭比売命にお告げになりました。

「この神風の伊勢の国は、永久不変に浪がしきりに打ちよせる国である。大和のわきにある美し国である。この国におりたいと思う」

倭比売命は教えに従い、五十鈴川のほとりに、磯宮と称した祠を建ててお祀りしました。

こうして天照大御神は、永遠の御鎮座の地として美しい伊勢国を選ばれ、日本人の魂のふるさと、のちの皇大神宮（伊勢神宮内宮）が創建されたのでした。

四十四 「和田勇―祖国にオリンピックを招致」

昭和三十九年（一九六四）の東京オリンピック招致の際、準備委員会委員に選ばれた日系二世のフレッド・イサム・ワダ（日本名・和田勇）は、明治四十年（一九〇七）、米国ワシントン州に生まれました。ワダの家は貧しく、幼い頃から苦労を重ねましたが、やがて努力が実り、実業家として成功することができました。

しかしワダは、昭和十六年（一九四一）の日米開戦を機に、事業を行っていたカリフォルニア州からユタ州への移住を余儀なくされました。そして、終戦まで「二つの祖国」の間で厳しい日々を送ることになったのでした。

戦後、ワダはロサンゼルスで再出発し、まだ反日感情の強い米国を訪れる日本人選手団を、献身的に支援しはじめました。古橋廣之進（ふるはしひろのしん）選手をはじめ、当時の日本人水泳選手に宿舎として自宅を提供したこともありました。その陰には、スポーツを通して真の日本人の姿勢、日本再建の姿を世界の人々に見てもらいたい、という熱い思いがあったのです。

東京招致の決め手は、事業を顧みず、妻と共に私費で中南米十カ国を一カ月以上歴訪し、支持を取り付けてまわったことにありました。また、その後、ワダは次のメキシコオリンピック誘致活動にも尽力し、東京開催を支持してくれたメキシコへの恩返しも忘れませんでした。

ワダの功績は、日本の国際社会への復帰、復興を促したばかりでなく、世界平和と人間形成を目的とするオリンピックの信条にも、深く根ざすものであったと称賛されています。

四十五　「長岡花火『白菊』」

昭和二十年（一九四五）八月一日、米軍の空襲で新潟県長岡市は焼け野原と化し、一四八六人の尊い命が失われました。長岡市では毎年、空襲のあった一日の午後十時三十分と二日、三日の大花火大会の冒頭に、「白菊（しらぎく）」が打ち上げられます。白菊には、空襲で亡くなった人々への慰霊、復興に尽くした人々への感謝、そして平和への願いが込められています。

長岡花火を代表する世界的花火師・嘉瀬誠次（かせせいじ）さんは、平成二年（一九九〇）夏、ロシアのハバロフスクを流れるアムール川で三千発の花火を打ち上げました。嘉瀬さんは戦後三年間、シベリアで抑留されていました。その抑留時代に亡くなった戦友たちを弔うために、嘉瀬さんは、花火を打ち上げに来たのでした。そのとき、万感の想いを込めて持参したのが、この「白菊」でした。アムール川の夜空を彩った花火は、三十万人を超える人々を感動させ、大成功をおさめます。

翌日、嘉瀬さんは日本人墓地を訪ねました。そして、かつては敵同士として戦った、ソ連兵が眠るお墓にもお参りしました。嘉瀬さんは、いいました。

「両方お参りできて、胸のつかえがおりたような気がします」

平成二十七年八月十五日には、ホノルルの真珠湾で「白菊」が打ち上げられました。戦後七十年を経た今、長岡花火は世界中の人々に日本人の平和への祈りのメッセージを送り続けています。

Japanischer Originaltext zu dem Buch

Von Amaterasu bis Olympia

45 historische und sagenhafte Erzählungen aus Japan

Der Abdruck erfolgt mit freundlicher Genehmigung des Budokan Verlags, Tokyo.

Iudicium Verlag GmbH, München 2020

Herausgegeben von

Deutsch-Japanische Gesellschaft Trier e.V.
www.djg-trier.de

Mit freundlicher Unterstützung durch

JT International Germany GmbH